El espacio

Los planetas

Charlotte Guillain

Heinemann Library
Chicago, Illinois

Editorial: Rebecca Rissman, Charlotte Guillain, and Siân Smith
Picture research: aTracy Cummins and Heather Mauldin
Designed by Joanna Hinton-Malivoire
Translation into Spanish by DoubleOPublishing Services
Printed and bound by South China Printing Company Limited

13 12 11 10
10 9 8 7 6 5 4 3 2

ISBN-13: 978-1-4329-3507-8 (hc)
ISBN-13: 978-1-4329-3514-6 (pb)

Library of Congress Cataloging-in-Publication Data

Guillain, Charlotte.
  [Planets. Spanish]
  Los planetas / Charlotte Guillain.
     p. cm. -- (El espacio)
  Includes index.
  ISBN 978-1-4329-3507-8 (hardcover) -- ISBN 978-1-4329-3514-6 (pbk.)
  1. Planets--Juvenile literature. 2. Solar system--Juvenile literature. I. Title.
  QB602.G8518 2009
  523.2--dc22
                                    2009010998

Acknowledgments
The author and publisher are grateful to the following for permission to reproduce copyright material:
©Age Fotostock p.**7**; Getty Images pp. **8** (©MPI/Stringer), **15**, **17**, **19**, **23c** (©Stocktrek Images); Jupiter Images p.**6** (©Chris Walsh); NASA p.**10** (©JPL); Photo Researchers Inc pp.**4** (©SPL), **11** (©Science Source/NASA), **14**, **16** (©Detlev van Ravenswaay), **18** (©SPL), **23a** (©Detlev van Ravenswaay); Photolibrary p.**9** (©Ron Chapple Stock); Shutterstock pp.**5** (©Zastol'skiy Victor Leonidovich), **12** (©Patrick Hermans), **13** (©Sebastian Kaulitzki), **21** (©Oorka), **22** (©Andrea Danti), **23b** (©Sebastian Kaulitzki).

Front cover photograph reproduced with permission of NASA (©JPL/USGS). Back cover photograph reproduced with permission of Shutterstock (©Patrick Hermans).

Every effort has been made to contact copyright holders of any material reproduced in this book. Any omissions will be rectified in subsequent printings if notice is given to the publisher.

Contenido

Los planetas

Los planetas están en el espacio.

El espacio queda más allá del cielo.

¿Cómo son los planetas?

Los planetas son objetos enormes en el espacio.

6

Los planetas tienen forma de balón.

Algunos planetas son de roca. Mercurio, Venus, la Tierra y Marte son de roca.

Algunos planetas son de gas. Júpiter, Saturno, Urano y Neptuno son de gas.

lunas

Algunos planetas tienen lunas.

Júpiter tiene muchas lunas.

aros

Algunos planetas tienen aros.

Saturno tiene aros.

El sistema solar

Hay ocho planetas en el sistema solar.

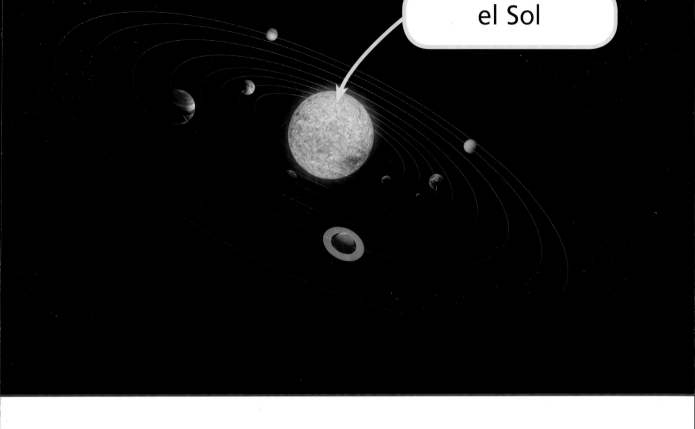

el Sol

Los planetas giran, u orbitan, alrededor del Sol.

Algunos planetas quedan cerca del Sol.

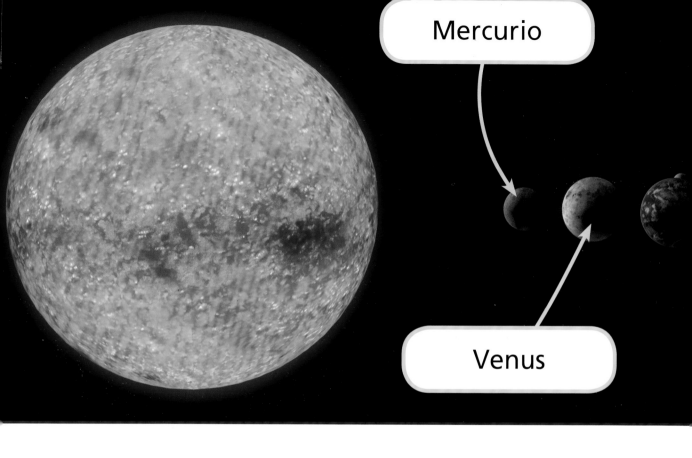

Mercurio y Venus son planetas que
quedan cerca del Sol.

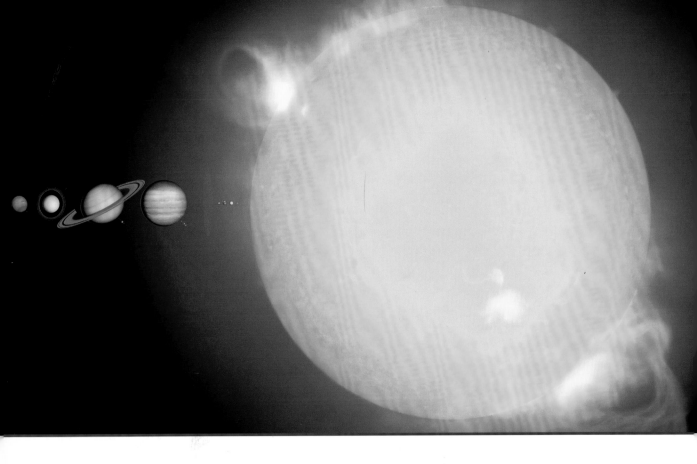

Algunos planetas quedan lejos del Sol.

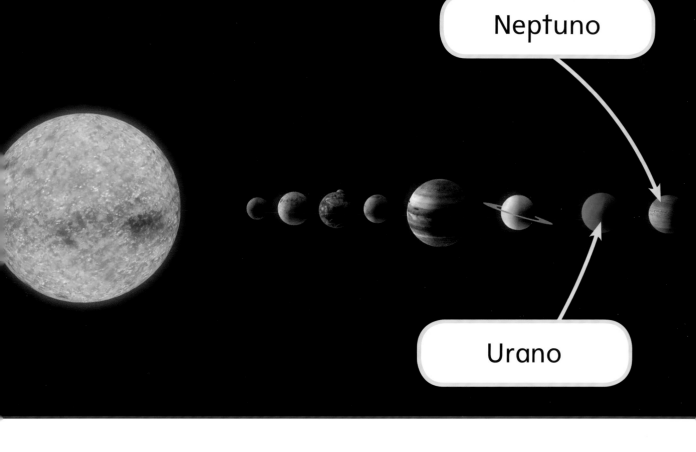

Neptuno

Urano

Urano y Neptuno son planetas que
quedan lejos del Sol.

La Tierra

Tierra

La Tierra es un planeta.

Vivimos en el planeta Tierra.

La Tierra está en el espacio.

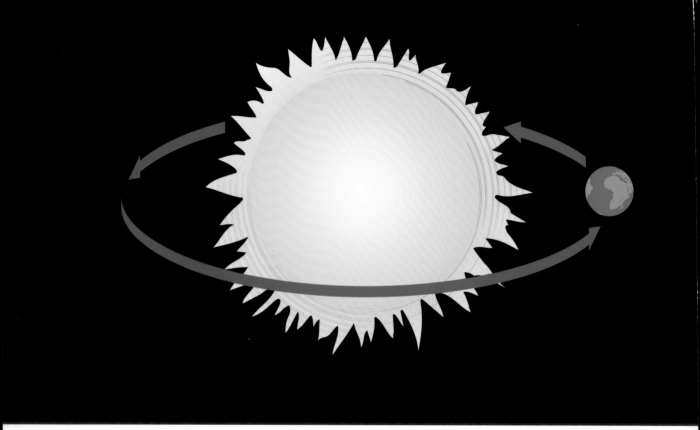

La Tierra orbita alrededor del Sol.

La Tierra tiene una luna.

¿Te acuerdas?

¿Cuántos planetas hay en el sistema solar?

Respuesta en la pág. 24

Glosario ilustrado

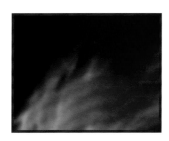

gas no es sólido como la madera o líquido como el agua. El aire es un gas que respiramos, pero que no podemos ver.

orbitar girar alrededor de algo

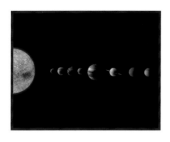

sistema solar el nombre del Sol y los ocho planetas que giran alrededor de él

Índice

Respuesta a la pregunta en la pág. 22: Hay ocho planetas en el sistema solar.

Nota a padres y maestros
Antes de leer
Comenten los ocho planetas que hay en el sistema solar. Hay ocho planetas que giran, u orbitan, alrededor del Sol. Uno de los planetas es la Tierra, donde vivimos. Los planetas más cercanos al Sol son muy calientes. Los planetas más lejanos del Sol son muy fríos. Explique que algunos planetas son mucho más grandes que la Tierra y que algunos son más pequeños.

Después de leer
• Hacer planetas con plastilina o arcilla. Usen una bola de plastilina gris para Mercurio, anaranjada o marrón para Venus, azul o verde para la Tierra, roja para Marte y amarilla para Júpiter. Usen plastilina anaranjada clara para Saturno, marcando la plastilina para dar la impresión de los aros. Usen plastilina azul claro para Urano y azul oscuro para Neptuno. Dispongan los planetas en su orden del Sol: Mercurio, Venus, Tierra, Marte, Júpiter, Saturno, Urano y Neptuno. Observen la página 22 para comparar los tamaños de los diferentes planetas.